BEI GRIN MACHT SICH IHR WISSEN BEZAHLT

- Wir veröffentlichen Ihre Hausarbeit, Bachelor- und Masterarbeit

- Ihr eigenes eBook und Buch - weltweit in allen wichtigen Shops

- Verdienen Sie an jedem Verkauf

Jetzt bei www.GRIN.com hochladen und kostenlos publizieren

Bibliografische Information der Deutschen Nationalbibliothek:

Die Deutsche Bibliothek verzeichnet diese Publikation in der Deutschen Nationalbibliografie; detaillierte bibliografische Daten sind im Internet über http://dnb.d-nb.de/ abrufbar.

Dieses Werk sowie alle darin enthaltenen einzelnen Beiträge und Abbildungen sind urheberrechtlich geschützt. Jede Verwertung, die nicht ausdrücklich vom Urheberrechtsschutz zugelassen ist, bedarf der vorherigen Zustimmung des Verlages. Das gilt insbesondere für Vervielfältigungen, Bearbeitungen, Übersetzungen, Mikroverfilmungen, Auswertungen durch Datenbanken und für die Einspeicherung und Verarbeitung in elektronische Systeme. Alle Rechte, auch die des auszugsweisen Nachdrucks, der fotomechanischen Wiedergabe (einschließlich Mikrokopie) sowie der Auswertung durch Datenbanken oder ähnliche Einrichtungen, vorbehalten.

Impressum:

Copyright © 2016 GRIN Verlag, Open Publishing GmbH
Druck und Bindung: Books on Demand GmbH, Norderstedt Germany
ISBN: 9783668297937

Dieses Buch bei GRIN:

http://www.grin.com/de/e-book/340048/treibende-faktoren-fuer-die-entwicklung-des-smart-home

Osman Ahmad

Treibende Faktoren für die Entwicklung des Smart Home

GRIN Verlag

GRIN - Your knowledge has value

Der GRIN Verlag publiziert seit 1998 wissenschaftliche Arbeiten von Studenten, Hochschullehrern und anderen Akademikern als eBook und gedrucktes Buch. Die Verlagswebsite www.grin.com ist die ideale Plattform zur Veröffentlichung von Hausarbeiten, Abschlussarbeiten, wissenschaftlichen Aufsätzen, Dissertationen und Fachbüchern.

Besuchen Sie uns im Internet:

http://www.grin.com/

http://www.facebook.com/grincom

http://www.twitter.com/grin_com

Smart Home: Treibende Faktoren für die Entwicklung und den Erfolg

Abstract: Obwohl in dem Konzept des Smart Home viel Potential besteht und es sich in einigen Jahren durchaus zum Standard etablieren könnte sind die Deutschen hinsichtlich Smart Home noch zurückhaltend. Ziel dieser Hausarbeit ist es den Leser an das Thema heranzuführen, das Konstrukt hinter Home Smart zu erklären und die Frage zu beantworten, was die treibenden Faktoren für die Entwicklung des Smart Home sind. Um das gesetzte Ziel zu erreichen wird auf den folgenden Seiten versucht den Begriff Smart Home zu definieren und abzugrenzen sowie die wichtigsten Faktoren für den Erfolg von Smart Home zu identifizieren und zu beschreiben. Im letzten Schritt wird versucht anhand der identifizierten Wachstumsfaktoren einen Ausblick auf die zukünftige Entwicklung des Smart Home zu geben. In dieser Arbeit wird das Smart Home Konzept nur im Bereich der privaten Immobilien und hauptsächlich für die BRD betrachtet.

Keywords: Smart Home, Hausautomation, intelligentes Haus, Funksysteme, Connected Living

Inhaltsverzeichnis

1 Einleitung.. 2
2 Aufbau eines Smart Home... 2
   2.1 Technologische Komponenten und Ihre Aufgaben 3
   2.2 Welche Smart Home Lösungen gibt es? 3
   2.3 Welchen Funkstandard gibt es für das Smart Home? 5
3 Wer nutzt Smart Home und warum?... 7
   3.1 Steigerung der Sicherheit 8
   3.2 Steigerung des persönlichen Komforts.. 8
   3.3 Steigerung der Wirtschaftlichkeit.. 8
4 Treibende Faktoren im Smart Home Bereich 8
   4.1 Der Markt und sein Umfeld 9
   4.2 Technologischer Fortschritt und Innovationskraft 10
   4.3 Gesellschaftlicher Wandel 10
   4.4 Effizientes Energiemanagement.. 11
5. Fazit... 11
Quellenverzeichnis 13

1 Einleitung

Viele Leser werden von dem Begriff Smart Home schon mal gehört haben und die Begriffe „smart" wie intelligent und „home" für Zuhause sind alltagsgebräuchlich bekannt. Aber es stellt sich die Frage: Wann ist ein Home denn Smart bzw. Warum sollte ein Home denn Smart sein? Es gibt in der Literatur keine allgemeingültige anerkannte Begriffsbestimmung für Smart Home aber es gibt eine Tendenz dahin das Smart Home als ein *intelligent* ausgestattetest Wohnhaus bzw. Wohnung zu beschreiben. Das Gabler Wirtschaftslexikon definiert das Smart Home wie folgt:

„Der Begriff "Smart Home" zielt auf das informations- und sensortechnisch aufgerüstete, in sich selbst und nach außen vernetzte Zuhause. Verwandte Begriffe sind "Smart Living" und "Intelligent Home". Enge Beziehungen gibt es im Allgemeinen zum Internet der Dinge und im Speziellen zu Smart Metering. Angestrebt wird eine Erhöhung der Lebens- und Wohnqualität, der Betriebs- und Einbruchsicherheit und der Energieeffizienz, was sowohl ökonomische als auch ökologische Implikationen hat." [1]

Als Synonym für Smart Home können auch noch die Begriffe Connected Home, Elektronisches Haus, Intelligentes Wohnen, Smart House, Smart Environment, Home of the Future, Smart Living, Aware Home verwendet werden. Allerdings ist Smart Home von den Begriffen Smart Building oder Intelligentes Gebäude abzugrenzen, da hierunter in der Regel mehrere räumlich getrennte Bauten zu verstehen sind, die unter betriebswirtschaftlichen Gesichtspunkten verwaltet werden [2]. Nach Gablers Definition wäre ein Smart Home z.B. ein privat genutztes Heim (Haus oder Wohnung) in dem die zahlreichen Geräte der *Hausautomation* z.B. Beleuchtung, Belüftung, Heizung, elektrische Jalousien, der *Haushaltstechnik* z.B. Waschmaschine, Kühlschrank, Kaffeevollautomat, der *Konsumelektronik* z.B. Fernseher, Soundsysteme und der *Kommunikationseinrichtungen* z.B. Telefone, Fax, Internet intelligent untereinander und nach Außen vernetzt sind und sich an den Bedürfnissen der Bewohner orientieren.

2 Aufbau eines Smart Home

Eine Vielzahl von Teilsystemen bilden das Smart Home und Ausgangspunkt hierfür ist die Hausautomation. Sie umfasst die Teilsysteme wie z.B. Heizung, Licht, Überwachung etc. und wird ergänzt durch Produkte und Dienste, die individuell auf die Hausbewohner angepasst sind, wie z.B. bei den Hausgeräten die Fernbedienung dieser über Smartphone Apps z.B. Fernsteuerbare Kaffee- oder Waschmaschine.

Eine übergeordnete zentrale Steuerung steht beim Smart Home nicht im Vordergrund sondern vielmehr, dass die vernetzten und intelligenten Teilsysteme, die ihnen gestellten Aufgaben möglichst autonom erledigen und die Daten und Informationen mit anderen Komponenten bzw. Teilsystemen austauschen [3].

Heizung	Heizungsanlage, Temperaturregelung; integrierte Wetterstation
Lüftung/Klima	Zu- und Abluftregelung, Schadstoffableitung, Ventilation
Sanitär	Trink-, Brauch-, Abwasser; Installation, Armaturen
Elektrik	Installation; Verteilung
Energiemanagement	Lastverteilung und -prognose, evtl. Eigenversorgung durch alternative Energien
Licht	Beleuchtung, Lichtmanagement/Szenarien, Storen/Rollos
Zutritt	Zutrittskontrolle, Klingelanlage, Schlösser, Anwesenheits- und Bewegungserfassung
Überwachung	Technische Alarme: Feuer, Rauch, Gas; Intrusion: Glasbruchmelder, Video; Babyphon, Urlaubswachschutz, ...
Notfall	Sprinkleranlagen, unabhängige Stromversorgung, Fluchtwegsystem
Metering	Verbrauchszähler für Strom, Gas, Wasser, Wärme; Energiedienstleistungen wie Fernablesen, genaue tagesaktuelle Abrechnung auch bei stark differenzierten Tarifen
Umfeld	Grünflächen-/Gartenberegnung, -düngung

Abbildung 1 Hausautomation und ihre Teilsysteme

2.1 Technologische Komponenten und Ihre Aufgaben

Die Aufgaben Datenerfassung, Datenauswertung und Aktorik können als drei eigenständige Klassen von Basisaufgaben im Ubiquitous Computing gesehen werden und jede der Aufgaben kann von verschiedenen technologischen Komponenten eines Smart Home Systems ausgeführt werden. Die Klasse Datenerfassung erfüllt hier allerdings sogar zwei Aufgaben. Zu einem die Datenerfassung an sich und dann noch die Datenübertragung [4].

- Datenerfassung
  Am Anfang aller smarten Prozesse müssen Daten erfasst werden. Das geschieht entweder über Sensoren oder direkt aus dem Internet. Bei einer Datenerfassung über Sensoren werden Regelgrößen (Ist-Zustände) wie z.b. die Temperatur, Luftfeuchtigkeit, Luftdruck, Windstärke, Lautstärke, Helligkeit oder Bewegungen gemessen. Aus dem Internet können Daten wie z.B. die Zeit, Wetter vor Ort, Geodaten oder Positionsdaten von Geräten wie z.B. Smartphones als Indikator für die Positionen von Personen bezogen werden [5].

- Datenverarbeitung
  Die erfassten Daten werden nun an eine zentrale Einheit (Gateway) übermittelt und dort fusioniert und analysiert. Allgemein ausgedrückt werden hier mit Hilfe von verschiedenen Algorithmen die Regelgrößen (Ist) mit den Führungsgrößen (Soll-Zustände) verglichen. Hierfür kommen Logik- und Reasoning-Verfahren zum Einsatz die z.B. Aktivitätswahrnehmung und Prognose umfassen.

2.2 Welche Smart Home Lösungen gibt es?

Der Markt für Smart Home Lösungen und insbesondere in der Hausautomation ist gut durchgemixt und wächst rasant. Es tummeln sich viele Unternehmen, die unterschiedliche Lösungen auf verschiedenen Plattformen mit teils nicht einheitlichen Technologien anbieten. Die wichtigsten Smart Home Lösungen können grob in zwei Kategorien aufgeteilt werden. Lösungen, die bei einem Neubau oder Renovierung von einem Fachbetrieb installiert werden und fest eingebaut werden und Lösungen, die mit etwas technischem Verständnis einfach nachgerüstet werden können und daher eher für den Massenmarkt konzipiert sind [6].

- Fest verbaute Lösungen

  Hierzulande setzten viele Betriebe bei festen Lösungen auf die Bustechnik KNX, die auch EIB genannt wird (Europäischer Installationsbus). KNX ist ein offener Standard und seit Ende 2006 durch die internationale Norm ISO/IEC 14543-3 genormt [7]. Der Begriff BUS ist im Grunde eine Abkürzung für das „Binary Unit System" und ist innerhalb eines Netzwerks dafür verantwortlich die Daten zwischen den einzelnen Teilnehmern zu übertragen. Die einzelnen Datenübertragungen sind hierbei klar voneinander getrennt [8]. Vereinfacht handelt es sich bei einem Bussystem um ein Steuerungsprotokoll über das Aktoren wie z.B. Lichtschalter, Dimmer und Sensoren und Bewegungsmelder oder Überwachungskameras miteinander kommunizieren.

  Um die Kommunikation zwischen den Aktoren und Sensoren zu gewährleisten werden zu den Stromleitungen auch Unterputzdrähte verlegt und mit einer Relaissteuerung verknüpft. Vorteil bei solch einem KNX Bussystem ist zum einem, dass Schalter oder Steuerdisplays ebenfalls unter Putz in die Wand eingelassen werden können und zum anderen, dass alles weiterhin funktioniert sollte mal die KNX Zentrale versagen.

  Ein Nachteil des Systems könnte der hohe Preis sein, denn für die Planung und Installation ist ein Elektrofachbetrieb notwendig und die Kommunikation zwischen einem Ethernet Heimnetzwerk und dem KNX Bus ist nur über zusätzliche Gateways möglich, was entsprechende Zusatzkosten verursacht. Allerdings ist dadurch auch eine Steuerung über z.B. Smartphone Apps möglich [9]. Im Profibereich bei der Mediensteuerung z.B. High-End-Multiroom Audio oder Video- Kreuzschienen zur Signalverteilung ist noch die US Firma Crestron zu nennen, die auch komplette Lösungen für die Haussteuerung anbietet. Die Heimsteuerung hier basiert auf dem Cresnet Protokoll und über Gateways lassen sich hier auch wie bei dem KNX Bussystem andere Systeme einbinden.

  Ein interessantes System mit einer offenen Architektur und eine Alternative zu den beiden vorgestellten Systemen ist das Konzept der Firma Digitalstrom. Hier werden intelligente Lüsterklemmen hinter z.B. Lichtschaltern oder Steckdosen verbaut. Diese Klemmen sind mit einem Chip versehen, der direkt über die Stromleitungen Steuersignale empfängt und durch einen zentralen Server, der im Sicherungskasten sitzt mit dem Heimnetzwerk verbunden ist. So lassen sich auch hier z.B. über Smartphone Apps individuelle Szenarien und Funktionen programmieren und fernsteuern.

- Nachrüstbare Systeme für den Massenmarkt

  Für Furore sorgte im Jahr 2014 die Ankündigung von Apple mit seinem Apple Home Kits ein eigenes Smart Home System auf den Markt zu bringen. Im Prinzip stellt Apple mit seinem Home Kit eine Schnittstelle für Iphones und Ipads her sodass alle kompatiblen Geräte ferngesteuert werden können. Ein besonderer Clou ist hierbei, dass sich hinter dem Home Kit ein Protokoll verbirgt, das Apples Spracherkennungssystem SIRI für Smart Home Geräte diverser Partnerfirmen öffnet. Das IOS Betriebssystem an sich übernimmt im Hintergrund die Steuerung, daher spielt es keine Rolle welche Apps als Fernbedienung genutzt werden und prinzipiell sind alle Anwendungen und Geräte herstellerübergreifend kombinierbar. Hersteller können somit Funksteckdosen, Wetterstationen, Tür –und Fensterkontakte, Klimaanlagensteuerung etc. mit der Home Kit Schnittstelle ausrüsten und profitieren von der Marktmacht eines Elektronikriesen. [10]. Ebenso nutzt auch der koreanische Elektronikriese Samsung

sein Portfolio an Endgeräten um diese z.b. mithilfe von Smartphones und Tablets über Bluetooth, Lan oder Wlan zu steuern bzw. fernzusteuern. Als Zentrale für das Smart Home dienen z.b. Samsungs Smart TVs, über die ebenfalls Geräte wie Waschmaschine, Kühlschrank oder Überwachungskameras angesteuert werden können. Allerdings funktioniert die Smart Home Kommunikation von Samsung zur Zeit nur unter Samsung eigenen Geräten [11].

Bei den nachrüstbaren Lösungen spielen nicht nur die großen Elektronikunternehmen eine Rolle, auch Energieversorger wie RWE oder Telekommunikationsunternehmen wie die Telekom und diverse Hersteller von Netzwerk- und Kommunikationslösungen wie z.b. AVM, Cisco, Dlink, Develo oder Belkin, die längst auf den Smart Home Zug aufgesprungen sind. Während RWE, die Telekom mit seiner Qivicon Plattform oder auch die ehemalige Siemens Tochter Gigaset komplette Smart Home Lösungen auf Basis von Funk Gateways, die als Steuerzentrale mit dem Internetrouter verbunden und somit drahtlos Kontakt zu einer Vielzahl von Endgeräten halten, anbieten, konzentrieren sich Hersteller wie AVM oder Dlink auf die Produktion von Endgeräten wie steuerbare Steckdosen, Bewegungsmelder, Wlan (IP) Cams oder auch cloudbasierende Lösungen um z.b. Router oder NAS-Festplatten von unterwegs per App zu steuern.

2.3 Welchen Funkstandard gibt es für das Smart Home?

In der Hausautomation kommen unterschiedliche Funkstandards zum Einsatz. Einige sind weniger verbreitet als andere und für den Konsumenten stellt sich die Frage welcher Standard der Richtige für seine Anforderungen und Bedürfnisse ist, da es beim Smart Home wichtig ist, das der Funk Standard auch in Zukunft noch unterstützt und von vielen Herstellern supported wird. Nachfolgend werden kurz die aktuell wichtigsten Funk Standards aufgelistet und beschrieben.

- Das Wlan (Wifi) als Funkstandard hat längst den Weg in die eigenen vier Wände gefunden aber ist bis jetzt nicht für die Hausautomatisierung optimiert. Denn das Wlan ist in erster Linie darauf ausgerichtet, große Datenmengen zwischen z.b. den Router und Endgeräten wie Notebooks oder Tablets in möglichst kurzer Zeit zu übertragen. Ebenso ist der hohe Sicherheitsstandard (Verschlüsselung WEP/WPA2) ein Schwerpunkt dieser Technologie. Um diese Funktionen zu leisten, bedarf es einen relativ hohen Energieverbrauch. Hier liegt der entscheidende Knackpunkt. In der Hausautomation ist ein großer wichtiger Punkt die Energieeinsparung, die aber mit dem Wlan Standard bis jetzt nicht zufriedenstellend realisiert werden kann. Zum anderen werden die Funknetze des Wlan z.B. das 2,4GHz oder auch 5 GHz teilweise stark belastet, da z.B. der Nachbar mit seinen Endgeräten auch auf diesen Frequenzen surft. Auch die hauseigene Mikrowelle kann das Signal stören ebenso wie Regen, der auch eine Frequenz von 2,4 GHz hat. Vorteile des Wlan liegen sicherlich in der Verbreitung und der Verfügbarkeit von unzähligen Endgeräten, die mit diesem Standard arbeiten [12].
- Der KNX-RF Standard ist ein herstellerunabhängiger Standard, der von vielen Fachfirmen im Bereich Hausautomation bevorzugt genutzt wird. Dieser Funkstandard profitiert von der hohen Akzeptanz des KNX Bussystem und ist dank der Nutzung der Mittelwellenfrequenz 868,3 MHz so ausgelegt, dass er problemlos in Altbauten mit dicken Wänden eingesetzt werden kann. Im Vergleich zum Wlan ist dieser Standard energieeffizienter und zuverlässiger, da die Mittelwellenfrequenz von 868,3 MHz günstigere Ausbreitungseigenschaften als die vom Wlan genutzte 2,4 GHz Frequenz hat [13].

- Bluetooth erfährt genau wie Wlan eine große Beliebtheit bei Konsumenten und Herstellern. Dies mag daran liegen, dass in jedem Smartphone dieser Standard verbaut ist und Endgeräte wie kabellose Bluetooth Kopfhörer, Tastaturen oder mobile Musikboxen einfach gekoppelt werden können um Inhalte zu übertragen. Da die Bluetooth Technologie auf Energiesparen also Low Energie ausgerichtet ist, bietet sie eine gute Möglichkeit als Smart Home Funk eingesetzt zu werden. Ebenso arbeitet die Technologie sehr zuverlässig und sicher. Da Bluetooth nur zu Überbrückungen von kürzeren Distanzen von 0,2 und 50 Metern geeignet ist und die Reichweite in Gebäuden ca. 10 Meter beträgt eignet es sich eher für den persönlichen Bereich in einem kleinen Smart Home. Auch gibt es Einschränkungen im Bereich Interoperabilität aufgrund von verschiedenen Protokollen bei den Endgeräten [14].

- EnOcean ist ein ISO ratifizierter Funkstandard, der für Funksensoren und Netze mit besonders niedrigem Energieverbrauch ausgelegt ist. Per Energy-Harvesting (z.b. aus Umgebungstemperatur, Vibrationen, Luftströmen) [15], leitet sich das System die benötigte Energie aus der Umgebung her. Vorteil dabei ist, dass diese kleinen Mengen von Energie ausreichen um Geräte mit geringer Leistungsaufnahme im Funknetzwerk anzusprechen und so z.B. auf Batterien zu verzichten. Ein anderer Vorteil von diesem System besteht darin, dass die Funktechnik auch mit bidirektionalen Endgeräten funktioniert und somit Sende sowie Empfangsmöglichkeiten bietet. Ein Aktor könnte somit eine erfolgreich ausgeführte Aktion zurückmelden [16]. Auch die Sicherheit kommt bei diesem System nicht zu kurz. Ein aus mehreren Komponenten bestehendes Sicherheitssystem verhindert das unbemerkte abgreifen von Datenpaketen. Zu einem wird bei den Komponenten ein Rolling Code, also stets ändernder Code zur Verifizierung von Sender und Empfänger verwendet zum anderen werden die Funkdaten verschlüsselt und es werden ausschließlich nur festgelegte IDs im Smart Home verwendet. Leider setzten nicht alle Komponentenhersteller diese Sicherheitskomponenten in Ihren Geräten um. Daher ist es für sicherheitsbewusste Nutzer ratsam sich im Vorfeld einer Realisierung eines Smart Home über die Sicherheitsfunktionen zu informieren [17].

- Z-Wave ist unter den Funkstandards der Weltmarktführer. Es ist optimiert für die Hausautomation. Kein Wunder, denn dieser Funkstandard vereinheitlicht die Bedienung der Smart Home Welt. Anders als bei anderen Systemen, arbeiten hierbei aktuell mehr als 330 unabhängige Hersteller zusammen an kompatiblen Geräten. Da die Hersteller sich mit allen Bereichen der Hausautomation, wie Heizungs-Lüftungssteuerung, Energiezählern, Beleuchtung, Alarmanlagen sowie Audio-und Videogeräten beschäftigen, können bis zu 231 unterschiedliche Endgeräte mit der Steuerungseinheit von Z-Wave verbunden werden [18]. Ein anderer Vorteil ist, dass Z-Wave das ISM-Band (868,42 MHz) benutzt und somit wie auch das KNX-RF von einer großen Reichweite von bis zu 200 Metern im freien und ca. 30 Meter in Gebäuden profitiert. Um Informationen zu Übertragen nutzt Z-Wave ein vermaschtes Netz, das im Gegensatz zu einfachen Punkt-zu-Punkt Verbindungen viel universeller und sicherer ist, da hier jedes Gerät über verschiedene andere Geräte (Netzwerkknoten) erreichbar ist. Und das auch dann wenn die Verbindung zur Zentrale mal ausfallen sollte. Durch dieses Netz wird das Ausfallrisiko minimiert und gleichzeitig die Reichweite in Gebäuden erhöht. Ein anderer wesentlicher Sicherheitsaspekt ist, dass das System bidirektional arbeitet, sodass die Steuerzentrale eine Rückinformation von den Aktoren (Endgeräte) erhält ob das Signal angekommen und verarbeitet worden ist [19].

- BidCos ist ein proprietäres Funkprotokoll, das für das HomeMatic System entwickelt wurde. Die Vorteile bei dem System sind die bidirektionale Kommunikation, wodurch das System für die Hausautomation bessere Funktionalität und eine erhöhte Sicherheit bietet. Komponenten die für HomeMatic benutzt werden, sind im Vergleich zum Wettbewerb relativ preiswert zu beziehen. Das mag an den großen Wettbewerb im Bereich der Hausautomation liegen. Der geringe Preis ist auch ein Grund, dass dieses System mittlerweile auch im Markt der Bestandsgebäude Einzug gefunden hat. Ein Nachteil bei diesem System ist allerdings, dass Nutzer beim Einsatz des HomeMatic Systems an den Hersteller eQ-3 gebunden sind, da Funksysteme unterschiedlicher Hersteller untereinander nicht kompatibel sind [20].

- ZigBee ist eine Funktechnik, die speziell für die Industrie, Smart Home und Gebäudesteuerung entwickelt wurde. Sie setzt auf den unteren Schichten (OSI-Referenzmodell) auf und ist für den Nahbereich (SRW) entwickelt wurden. Zum Unterschied zu anderen Funktechniken wurde ZigBee für die Übertragung von sehr kleinen Datenmengen entwickelt und zeichnet sich dadurch durch einen sehr geringen Energieverbrauch aus. So können z.b. Batteriebetriebene Sensoren, wartungsfrei mehrere Jahre ohne Batteriewechsel betrieben werden. ZigBee gibt es aber auch als eine Pro Version, bei der die Sensoren durch Energy-Harvesting eingesetzt werden [21]. Die einzelnen Geräte und Komponenten sind im ZigBee System alle untereinander vernetzt. Dadurch, dass drei Netzwerktypologien zur Verfügung stehen können die Geräte sich in einem Baum-, Stern- oder vermaschten Netzwerk verbinden und untereinander kommunizieren. Das Netzwerk kann dadurch autark verwaltet werden ohne dass der Nutzer Eingreifen muss. Das macht dieses System sehr Bedienerfreundlich, da die Geräte nur eingeschaltet werden müssen und sofort für die Hausautomation zur Verfügung stehen [22]. Leider ist in der Vergangenheit von eklatanten Sicherheitsmängeln berichtet worden. Da diese Funktechnik z.B. auch zum Öffnen von Türschlosser benutzt wird ist es ratsam die Entwicklungen in diesem Bereich kritisch zu beobachten [23].

3 Wer nutzt Smart Home und warum?

Laut einer Studie von Bitkom aus dem Jahr 2014 ist für jeden zweiten deutschen Smart Home ein Begriff und jeder siebte nutzt Smart Home Anwendungen. Großes Potential sehen die Befragten in Assistenz- und Fernsteuerungssystemen und hier insbesondere bei Systemen für kranke oder ältere Menschen und gefolgt von programmierbaren Rollläden und Türsystemen, Heizkörper und Thermostaten sowie fernsteuerbarer Sicherheitstechnik mit Internetanschluss [24]. Bei den Nutzern ist nicht die Technik an sich sondern der Nutzen durch die Technik entscheidend für die Akzeptanz neuer Geräte und Dienstleistungen.

Um Herauszufinden warum Smart Home genutzt wird oder genutzt werden könnte ist es sinnvoll die wichtigsten Determinanten zu identifizieren, die diese Entscheidung beeinflussen könnten. In dieser Arbeit werden die Determinanten *Sicherheit*, *Komfort* und *Wirtschaftlichkeit* als wichtigste Determinanten herangezogen [25]. Eine Studie von Deloitte (2015) kommt ebenfalls zu dem Ergebnis, dass diese Determinanten die wichtigsten Gründe für das Interesse an Smart Home darstellen [26].

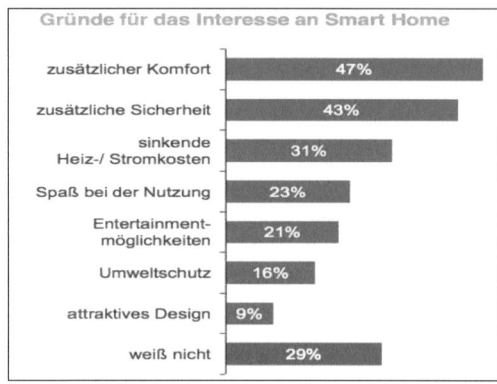

Abbildung 2 Smart Home Determinanten

3.1 Steigerung der Sicherheit

Sicherheitsfunktionen wie Zugangs- und Schließsysteme, Überwachungsfunktionen und Notrufsysteme können dem Nutzer ein Gefühl von Sicherheit geben. Ebenso kann eine Videoüberwachung den Schutz der eigenen Privatsphäre vor Eingriffen von außen erhöhen.

3.2 Steigerung des persönlichen Komforts

Besonders Nutzern mit eingeschränkten Körperfunktionen oder hohem Alter ist es wichtig ihre Selbstständigkeit in der Lebensführung zu halten. Hier können die Assistenz- und Fernsteuerungssysteme alltägliche Aufgaben erleichtern und somit zu mehr Lebensqualität verhelfen. Auch durch die Multifunktionalität und der einfachen, intuitiven Bedienung (universal Design) der verschiedenen Benutzerschnittstellen wie z.B. Universalfernbedienungen, Internet TV etc. kann der Nutzer seinen Komfort steigern.

3.3 Steigerung der Wirtschaftlichkeit

Wer möchte nicht gerne Energiekosten einsparen. Eine dauernd laufende Heizung oder über Nacht ständig auf Kipp stehende Fenster in den Schlafräumen können den Energieverbrauch in die Höhe Treiben. Intelligente Systeme wie selbstregulierende Heizungsanlagen, Temperatursteuerung, eine Zu- und Abluftregelung oder auch eine automatisierte Trink-, Brauch-, Abwasser Installation können hier effizient arbeiten und somit Kosten einsparen. Genauso könnte der Nutzer durch Nutzung von Smart-Metering seine Verbrauchsdaten für Strom, Wasser, Gas und Wärme tagesgenau erfassen und abrechnen und somit den Verbrauch und die Kosten für seine Bedürfnisse optimieren

4 Treibende Faktoren im Smart Home Bereich

Das Smart Home ist in den letzten Jahren stetig gewachsen und laut einer Studie von Bitkom werden nach einer konservativen Einschätzung ca. 1 Millionen Haushalte in Deutschland Smart Home nutzen [27].

Deutschland: Smart Home-Haushalte in Tausend

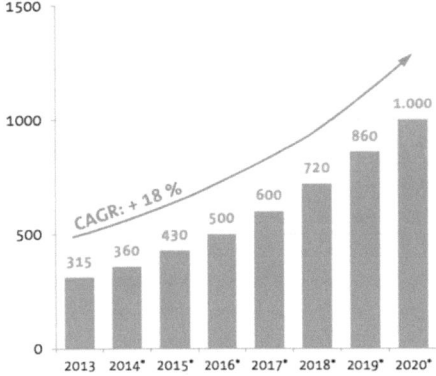

Abbildung 3 Entwicklung Smart Home BRD

In dieser Arbeit stellt sich die Frage nach den Faktoren, die für die Entwicklung und somit auch den Erfolg des Smart Home verantwortlich sind. Die wichtigsten Treiber Sicherheit, Komfort und Wirtschaftlichkeit wurden bereits vorgestellt. Isoliert betrachtet sind sie Gründe warum ein Nutzer sich für Smart Home entscheidet aber um einen tieferes Verständnis für die Entwicklung des Smart Home zu bekomme, ist es Notwendig herauszufinden wie es dazu gekommen ist, dass diese Treiber maßgebend zum Erfolg von Smart Home beigetragen haben und welche anderen Treiber auch noch verantwortlich für die Entwicklung sein könnten. Hierfür werden die folgenden vier Oberbegriffe, in Anlehnung an der Bitkom Studie (2014) „Vor dem Boom – Marktaussichten für Smart Home" aufgestellt und analysiert [28].

4.1 Der Markt und sein Umfeld

Durch den anhaltenden Boom in dem Bereich Internet of Things (IoT) sollen bis zum Jahr 2020 rund 24 Milliarden Dinge über das Internet weltweit vernetzt sein. Laut einer Studie von BI Intelligence entspricht das einer jährlichen Wachstumsrate von 41 % (ausgehend von 5 Milliarden im Jahr 2015) [29]. Dementsprechend hoch sind auch Ausgaben und Bemühungen der Industrie in die Märkte für vernetzte Komponenten und Systeme wie das Smart Home zu investieren und diese dadurch auszubauen. Durch die stetig steigende Nachfrage und Produktion von vernetzten Geräten ergeben sich auch Skaleneffekte bei den Herstellern, die Hardwarepreise fallen lassen. Auch der Wettbewerbsdruck lässt die Hardwarepreise fallen, sodass die Komponenten einer größeren Anzahl von Marktteilnehmern zur Verfügung stehen. Ein anderer Treiber ist der Markteintritt von großen Unternehmen aus den unterschiedlichsten Bereichen. So sind die Elektronikriesen Apple und Samsung sowie Energieversorger wie RWE oder Telekommunikationsriesen wie Telekom und Siemens auf den Zug des Smart Home aufgesprungen. Andere Unternehmen wie z.B. AVM oder Delevo arbeiten an Netzwerkkomponenten für ein Smart Home und es werden Konsortien gebildet um Plattformen für Smart Home Lösungen anzubieten und Standards zu etablieren z.B. zwischen Cisco, ABB, Bosch und LG. Diese Dynamik und Akzeptanz bei den großen Unternehmen trägt stark zur Entwicklung des Smart Home Marktes bei und bietet somit ein wachsendes Angebot an Smart Home Diensten und Geräten. Der Smart Home Markt entwickelt sich zu einem Angebot und Nachfrage Markt.

4.2 Technologischer Fortschritt und Innovationskraft

In den letzten Jahren gab es einen stetigen Anstieg bei der Nutzung von Smartphones weltweit. Laut statista.com betrug die Anzahl der Smartphone Nutzer in Deutschland im Jahre 2015 ca. 45,6 Millionen. Das entspricht etwas mehr als der Hälfte der Bevölkerung hierzulande [30]. Ebenso sind in den letzten Jahren die Tablet Verkäufe (z.B Ipad, Galaxy Tab) stetig angestiegen. Diese Tatsache treibt auch die Smart Home Entwicklung an, denn ein Smartphone oder Tablet kann über die entsprechende App und Funktechnologie wie z.b. Wlan oder Bluetooth als Fernbedienung für Smart Home Komponenten wie Lichtschalter, Audiostreaming und Steuerung oder auch zum steuern von Haushaltsgeräten in der Hausautomation verwendet werden. Ein großes Innovationsfeld ist die Vernetzbarkeit und hier hat sich in den letzten Jahren viel getan, zu einem wie im Kapitel vorher erwähnt durch das große Interesse und die Zusammenarbeit der Big Player aus den verschiedenen Bereichen an Smart Home und zum anderen durch die Vernetzbarkeit von z.b. klassischer Haus- und Sanitärtechnik mit Haushaltsgeräten. So wirbt die Firma Kottmann z.b. mit Ihrer intelligenten Sanitärtechnik KOTT-Smart, bei der Wasserverbrauch, Temperatur sowie Druck gemessen wird. Auch der Wasserfluss wird gesteuert und auf einem Display am Brauseschlauch kann der Wasserverbrauch abgelesen werden. Per Smartphone und App kann der Nutzer die Wasserzufuhr einzelner Wasserführender Geräte beim verlassen des Hauses unterbrechen. Ein intelligenter Schlauch trennt sich z.B. bei einem Leck automatisch vom Wassernetz [31]. Mit den neuen technischen Möglichkeiten und Innovationen entsteht auch ein großer Bedarf an qualifizierter Beratung. Besonders im Bereich der Neubauten aber auch bei Bestandsgebäuden und Wohnungen. Daher qualifizieren sich immer mehr Betriebe aus den unterschiedlichsten Bereichen wie Elektrotechnik oder Sanitär –und Haustechnik in der Hausautomation. Diese Fachbetriebe stehen mit Teil- oder Komplettlösungen den Bauherren, Architekten bzw. Nutzern eines Smart Home bei der Beratung, Kauf, Installation sowie dem Service und & Support zur Seite. Gut beraten und mit dem Gefühl einen kompetenten Ansprechpartner zu haben, fällt es potenziellen Nutzer sicherlich einfacher sich für ein eventuell nicht ganz günstiges aber den Anforderungen entsprechenden Smart Home System zu entscheiden

4.3 Gesellschaftlicher Wandel

Die Niedrigzinspolitik der EZB in den letzten Jahren hat dazu geführt, dass es einen Run auf den Immobilienmarkt in Deutschland gab. Abgesehen von den Preissteigerungen im Immobilienmarkt durch den Boom profitiert hier die Entwicklung des Smart Home vom dynamischen Immobilienmarkt und insbesondere im Bereich der Neubauten [32]. Oft gehören heutzutage intelligente Rauchmelder, steuerbare Steckdosen, Markisen oder die in der Decke eingefassten Multiroom- Audio- Lautsprecher zum guten Ton und Standard bei einer Immobilie, die als modern und zeitgemäß angeboten wird. Auch kostspieligere integrierte Bussysteme sind im höheren Preissegment oft anzutreffen. Ebenfalls hat der demographische Wandel in Deutschland in den letzten Jahren dazu geführt, dass es immer mehr ältere Menschen (Senioren) im Vergleich zu Kindern gibt, die Senioren aber gleichzeitig durch gute medizinische Versorgung ein hohes Alter erreichen [33]. Dieser Wandel hat unteranderem auch als Antrieb zum altersgerechten Wohnen durch Hausautomation geführt. Altersgerechte Assistenzsysteme können Senioren ein selbstbestimmtes Leben bieten. Ein Beispiel ist das Projekt *AlterLeben,* das vom Bundesministerium für Bildung und Forschung zusammen mit dem DRK ins Leben gerufen wurde (2009-2012). Das Ziel war es Wohnungen der sächsischen Baugenossenschaft mit den sich ändernden Bedürfnissen der Bewohner „mitaltern" zu lassen, sodass die Mieter solange wie möglich eigenständig in Ihrer

Wohnung leben können [34]. Aber nicht nur die Senioren sorgen für einen Bedarf an intelligenten Systemen für das Heim auch die steigende Anzahl an Singlehaushalten [35], besonders in Großstädten, sorgt für Umsätze im Smart Home Bereich auf dem Bestands -und Massenmarkt. Jung und alt haben steigende Ansprüche bzgl. Lebensqualität in den eigenen vier Wänden entwickelt. Ob zur Lebensqualität auch der Trend nach dem Motto „My Home is my Castle" oder auch „cocooning" zählt lässt sich diskutieren aber dieser Trend ist durchaus ein Treiber für Smart Home. Der Begriff „cocooning" wird laut Gabler Wirtschaftslexikon folgendermaßen definiert: *„Verhaltensform, die im Rückzug von der komplexen, bedrohlichen und unkontrollierbaren Umwelt in die eigenen vier Wände besteht. Daraus resultiert für Unternehmen die Problematik, einerseits die Bedürfnisse des Konsumenten zu ermitteln und ihn andererseits in seiner Zurückgezogenheit zu kontaktieren."* [36]

Aus der Definition ist zu erkennen, dass es bei dem cocooning nicht nur um das gemütliche Kuscheln zuhause geht, sondern auch um die Angst vor der unkontrollierten Umwelt und den dadurch resultierenden Sicherheitsbedarf im eigenen Heim. Das Gefühl einer bedrohlichen Sicherheitslage z.b. nach 9/11 oder die Angst vor der steigenden Anzahl an Einbrüchen z.b. in Hamburg führt dazu, das Sicherheitssysteme im eigenen Heim nachgefragt werden und da beim cocooning viel Zeit zuhause verbracht wird, soll natürlich auch nicht der Komfort zu kurz kommen. Das eigene Heim wird immer wichtiger und Mittelpunkt des Lebens.

4.4 Effizientes Energiemanagement

Das Thema Energie war in der Vergangenheit schon ein großes Thema und beschäftigt bis heute die Politik und Wirtschaft. Hört man dem Friedensforscher und Historiker Dr. Daniele Ganser zu, so verbraucht der Mensch weltweit jeden Tag 90 Millionen Fass Erdöl, was 45 Supertanker entspricht [37]. Bedenkt man, dass es sich bei Erdöl um einen fossilen Energieträger handelt, der nur begrenzt auf der Welt vorhanden ist so kann man schnell feststellen, dass es gilt Alternativen und Einsparpotenziale zu finden. Effizientes Energiemanagement beginnt im eigenen Wirkungskreis. Nicht nur die steigenden Energiepreise (Erdölverknappung, Politik, Energiewende) und Umweltverschmutzung (z.B. Fracking) sondern auch die neuen Möglichkeiten bei der Infrastruktur eines Smart Home (intelligente Vernetzung, mobile und zentrale Steuerung) sorgten in der Vergangenheit zu einer Sensibilisierung bzgl. des Energieverbrauchs. Dieses Verständnis und der Wunsch durch einfachen technischen Möglichkeiten effizient mit Energie hauszuhalten zu können treibt die Entwicklung nach optimierten Smart Home Lösungen an. Das Smart Home profitiert ebenfalls von Entwicklungen von z.B. energieeffizienteren Elektromotoren oder mobilen Speichern z.B. Akkus. Firmen wie Tesla arbeiten nicht nur an effizienten und Leistungsfähigen Elektroautos sondern auch an Energiespeichern für den Hausbereich. So wirbt Tesla mit seiner „Powerwall". Einem Stromspeichergerät für Solarenergie um umweltfreundlicher und effizienter mit sauberer Energie zu wirtschaften [38]. Für Smart Home bietet so ein System ebenfalls mehr Sicherheit (Reservestromquelle) bei der Stromversorgung für die Funktion der Komponenten.

5. Fazit

Ziel der Arbeit war es, die treibenden Faktoren für die Entwicklung des Smart Home aufzuzeigen. Zu diesem Zweck wurde der Leser zuerst in die Materie Smart Home eingeführt um einen Überblick über das Konzept des Smart Home zu bekommen. Dabei hat sich herausgestellt, dass der Markt zurzeit noch in zwei Bereiche aufzuteilen ist. In den der Neubauten mit fest verbauten und kostspieligeren Lösungen und den Massenmarkt der

Bestandsimmobilien, bei dem günstige Nachrüstlösungen für das Smart Home eingesetzt werden können. Bei der anschließenden Frage, wer denn in Deutschland Smart Home nutzt und aus welchen Gründen, ergab sich, dass jeder siebte Deutsche bereits in irgendeiner Form Smart Home nutzt und für die Zukunft wird prognostizierst, dass bis zum Jahr 2020 bis zu eine Million Haushalte Smart Home in Deutschland nutzen werden und die wichtigsten Determinanten für die Entwicklung bisher Sicherheit, Komfort und Wirtschaftlichkeit sind. Was diese Determinanten betrifft, so konnte Anhand weiterer Analysen gezeigt werden, dass sie durchaus als Haupttreiber für die Entwicklung des Smart Home herangezogen werden können aber nicht isoliert zu betrachten sind, sondern im Kontext mit dem Marktumfeld, dem technologischen Fortschritts und der Energieeffizienz (Umweltschutz). Abschließend kann festgestellt werden, dass das Thema Smart Home, obwohl es noch einige Hemmnisse wie z.B. nicht einheitliche technologische Standards und hohe Preise zu überwinden gilt, in Zukunft eine immer stärkere Rolle im Leben eines jeden Menschen spielen wird, ob aus Alters- oder Bequemlichkeitsgründen, Sicherheitsempfinden aufgrund von immer neuen Bedrohungsszenarien, den neuen technologischen Möglichkeiten und Innovationen oder eines Umdenken hinsichtlich der anhaltenden Energie und Ressourcenverschwendung und damit resultierenden Ressourcenkriege und Umweltbelastungen.

Quellenverzeichnis

[1] Wirtschaftslexikon.Gabler.de
http://wirtschaftslexikon.gabler.de/Definition/smart-home.html, Zugriff: 19.05.2016

[2] Smart Home Deutschland Studie 2010 Studie „Smart Home in Deutschland" Strese, Seidel, Knape, Botthof VDI/VDE Innovation + Technik GmbH Berlin 2010, S.8

[3] Smart Home Deutschland Studie 2010 Studie „Smart Home in Deutschland" Strese, Seidel, Knape, Botthof VDI/VDE Innovation + Technik GmbH Berlin 2010, S.8,9

[4] Falk Ußler, Smart Home. Wirtschaftliche Potenziale und Herausforderungen 2014, S.14

[5] Smarthomezone.de http://smarthomezone.de/datenerfassung/ 01.06.2016

[6] Golem.de http://www.golem.de/news/smart-home-wenn-das-zuhause-vernetzt-wird-1411-109401.html, 13.06.2016

[7] Dein-Elektriker-Info.de http://dein-elektriker-info.de/grundprinzip-bussystem, Zugriff 13.06.2016

[8] Kunbus.de https://www.kunbus.de/grundlagen-digitaler-bussysteme-und-wesentliche-grundbegriffe.html, 13.06.1016

[9] Golem.de http://www.golem.de/news/smart-home-wenn-das-zuhause-vernetzt-wird-1411-109401.html, 13.06.2016

[10] Chip.de http://www.chip.de/artikel/Apple-HomeKit-Hardware-Geraete-und-Funktionen-Smart-Home_82130826.html, 13.06.2016

[11] Samsung.de http://www.samsung.com/de/app/smarthome/intro/, 13.06.2016

[12] Smarthomewelt.de http://smarthomewelt.de/wlan-funksystem-smart-home-wifi/, 14.06.2016

[13] http://smarthomewelt.de/knx-rf-funkstandard/, 14.06.2016

[14] http://smarthomewelt.de/bluetooth-low-energy-smart-home/, 14.06.2016

[15] Wikipedia.org https://de.wikipedia.org/wiki/Energy_Harvesting, 14.06.2016

[16] Fhemwiki.de http://www.fhemwiki.de/wiki/EnOcean_Starter_Guide, 14.06.2016

[17] Smarthomewelt.de http://smarthomewelt.de/enocean-funkstandard-mit-autarker-energieversorgung/, 14.06.2016

[18] http://smarthomewelt.de/z-wave-funksystem-home-automation-smarthome/, 14.06.2016

[19] http://www.zwave-review.com/zwave/index.php, 14.06.2016

[20] http://smarthomewelt.de/bidcos-funkstandard-eq-3-hausautomation/, 14.06.2016

[21] http://www.itwissen.info/definition/lexikon/ZigBee-ZigBee.html, 14.06.2016

[22] http://smarthomewelt.de/zigbee-funkprotokoll-hausautomation/, 15.06.2016

[23] Heise.de http://www.heise.de/security/meldung/Deepsec-ZigBee-macht-Smart-Home-zum-offenen-Haus-3010287.html, 15.06.2016

[24] Bitkom.org https://www.bitkom.org/Publikationen/2014/Studien/Smart-Home-in-Deutschland-Praesentation/Praesentation-Smart-Home.pdf, Abgerufen 26.05.16

[25]   Studie: „Smart Home in Deutschland" Strese, Seidel, Knape, Botthof VDI/VDE Innovation + Technik GmbH Berlin 2010, S.9,10

[26]   http://www.connected-living.org/content/4-information/4-downloads/4-studien/6-ready-for-takeoff/deloitte-smart-home-consumer-survey-20150701.pdf, 16.06.2016

[27]   https://www.bitkom.org/Publikationen/2014/Studien/Marktaussichten-fuer-Smart-Home/141023-Marktaussichten-SmartHome.pdf, 15.06.2016

[28]   https://www.bitkom.org/Publikationen/2014/Studien/Marktaussichten-fuer-Smart-Home/141023-Marktaussichten-SmartHome.pdf, S. 7, 16.06.2014

[29]   Buisinessinsider.de http://www.businessinsider.de/internet-of-things-2015-forecasts-of-the-industrial-iot-connected-home-and-more-2015-10, 15.06.2016

[30]   Statista.de http://de.statista.com/statistik/daten/studie/198959/umfrage/anzahl-der-smartphonenutzer-in-deutschland-seit-2010/, 15.06.2016

[31]   Land-der-Ideen.de https://www.land-der-ideen.de/ausgezeichnete-orte/preistraeger/kott-smart-intelligente-sanitrtechnik, 15.06.2016

[32]   Handelsblatt.com http://www.handelsblatt.com/finanzen/immobilien/immobilien-in-deutschland-der-markt-laeuft-heiss/12879626.html, 15.06.2016

[33]   Bundesministerium für Familie, Senioren, Frauen und Jugend http://www.bmfsfj.de/BMFSFJ/Familie/demografischer-wandel.html, 15.06.2016

[34]   Fraunhofer Institut https://www.fit.fraunhofer.de/content/dam/fit/de/documents/projektportrats-aal.pdf, 15.06.2016

[35]   Gfk-Institut für Marktforschung http://www.gfk-verein.org/compact/fokusthemen/grossstaedte-deutschland-bei-singles-beliebt, 15.06.2016

[36]   Wirtschaftslexikon.Gabler.de http://wirtschaftslexikon.gabler.de/Definition/cocooning.html, 16.06.2015

[37]   Theise.de http://www.heise.de/tp/artikel/45/45127/1.html,, 16.06.2016

[38]   Teslamotors.com https://www.teslamotors.com/de_DE/powerwall, 16.06.2016

Abbildungen

[Abb.1] Studie „Smart Home in Deutschland" Strese, Seidel, Knape, Botthof VDI/VDE Innovation + Technik GmbH Berlin 2010, S.8

[Abb.2]https://www.bitkom.org/Publikationen/2014/Studien/Smart-Home-in-Deutschland-Praesentation/Praesentation-Smart-Home.pdf Abgerufen 26.05.16

[Abb.3]   https://www.bitkom.org/Publikationen/2014/Studien/Marktaussichten-fuer-Smart-Home/141023-Marktaussichten-SmartHome.pdf, 15.06.2016

BEI GRIN MACHT SICH IHR WISSEN BEZAHLT

- Wir veröffentlichen Ihre Hausarbeit, Bachelor- und Masterarbeit

- Ihr eigenes eBook und Buch - weltweit in allen wichtigen Shops

- Verdienen Sie an jedem Verkauf

Jetzt bei www.GRIN.com hochladen und kostenlos publizieren